AF349809

LE

DUC D'ORLÉANS

LE DUC D'ORLÉANS

LE

DUC D'ORLÉANS

Le 12 février 1890, vers midi, une foule inaccoutumée se répandait dans les galeries du Palais de Justice, envahissait la salle des Pas-Perdus et se pressait dans l'étroite enceinte de la police correctionnelle, où devait être jugé le fils aîné du comte de Paris, Louis-Philippe-Robert, duc d'Orléans. A côté des amis du prince et des vieux serviteurs de la monarchie, toute la jeunesse du barreau se trouvait là. Ce qui préoccupait les esprits, ce n'était pas l'issue du procès : on savait que le prévenu devait être condamné. Ce n'était pas la nouveauté de la cause, ni même l'intérêt du débat, malgré le nom des défenseurs : on savait que le débat serait court et la cause vite entendue. Non. Cette foule d'élite était attirée par une curiosité plus haute et un spectacle plus rare : elle venait voir un Prince.

C'est un prince, en effet, que ce jeune homme de vingt et un ans, qui, par une prérogative spéciale, commet une contravention en voulant servir la France. Il ne continue pas seulement une grande race et ne se contente pas de porter un nom illustre : il a les sentiments de sa race et le juste orgueil de son nom. Petit-fils d'Henri IV, héritier des rois qui ont fait l'unité de la patrie, il n'invoque le souvenir de ses aïeux que pour réclamer le droit d'être soldat. Mais on lui répond qu'un prince français n'a plus de place dans l'armée française. Des privilèges de sa naissance, il n'a guère connu que celui de l'exil : il demande au moins celui de la caserne. Mais on ne peut lui donner qu'une prison dans son pays. N'importe. Il a vingt et un ans : il est majeur, et son premier acte d'indépendance doit être un acte de citoyen et de soldat. Sans songer à la loi cruelle qui le bannit de la France et l'exclut de l'armée, il veut aller s'offrir lui-même au service militaire; il part sans ·consulter sa famille, il se présente au bureau de recrutement : — et voilà ce qui l'amène sur les bancs de la police correctionnelle.

Sa démarche est toute spontanée, son initiative toute personnellle. Le seul conseil qu'il ait reçu de sa famille, en cette circonstance, lui vient sans doute de son grand-père le duc d'Orléans, lorsqu'il disait, il y a cinquante ans, au roi Louis-Philippe, « que, dans un temps où le travail est la loi commune, un fils de roi doit faire lui-même sa carrière à la sueur de son front : qu'il n'y a qu'une seule manière aujourd'hui de se faire pardonner d'être prince, c'est de faire en tout plus que les autres ; — et qu'un prince ne pouvant remplir d'autres devoirs que des devoirs militaires doit conquérir sa position dans les rangs de l'armée (1) ». — Ces belles paroles, le jeune duc les a méditées, il a voulu les suivre : et voilà pourquoi la foule sympathique entoure et contemple respectueusement au banc des prévenus ce prince qui, sans arrière-pensée politique, a voulu simplement faire son métier de prince.

Célèbre à cette heure, le duc d'Orléans n'était pas hier connu du public. C'est ce qui explique l'étonnement de certains journaux et leur hésitation en présence de cet acte « d'une crânerie toute française » et d'une si généreuse témérité. — « L'acte que vient d'accomplir un jeune prince, dont, en dehors du cercle de ses intimes, on n'avait pas beaucoup entendu parler jusqu'ici » se demandait le *Temps* du 9 février, « est-il le résultat d'un élan irrésistible ou le fruit de combinaisons savantes ?... » — Pour ceux qui ont eu l'honneur d'approcher le duc d'Orléans, le doute n'était pas permis Cette nature vive et de premier mouvement n'avait écouté que l'élan de son cœur. — Mais, pourquoi le n... ? Si l'élan était irrésistible, c'est qu'il avait été de longue main préparé. Voilà bientôt quinze ans que ce jeune homme était élevé dans sa famille à ne voir que la France, à n'aimer, à ne servir qu'elle. Toutes ses pensées, toutes ses études étaient dirigées vers ce but unique. Il savait déjà à sept ans qu'il devait porter les armes. Dès sa première année de collège, il songeait déjà à l'école de Saint-Cyr. Jusqu'au 6 février 1890, jour de sa majorité, sa vie n'avait été qu'un perpétuel entraînement vers la carrière militaire et le noble titre de *conscrit*. — Vous étonnerez-vous, après cela, qu'il ait de lui-même passé la frontière pour rejoindre les conscrits de sa classe et rallier le drapeau ?

Philippe, duc d'Orléans, fils aîné du comte de Paris, naissait dans l'exil de Twickenham, le 6 février 1869. Mais, deux ans après, il était en France : il y restait jusqu'à dix-sept ans et grandissait au milieu des souvenirs de sa famille qui se confondent avec les gloires mêmes de la nation. Il avait eu de bonne heure le respect de ces glorieux souvenirs ; il gardait le culte de Henri IV ; et l'enfant ne passait jamais devant la statue du Béarnais sans se découvrir et saluer le premier roi Bourbon. — A Versailles, il lisait l'histoire de sa race sur tous les panneaux du musée. Il la retrouvait vivante et animée à Chantilly dans les écrits, dans la personne du vainqueur de la Smala, son grand-oncle le duc d'Aumale.

Deux ans de suite, pendant plusieurs mois, en l'absence du comte de Paris, le duc d'Aumale offrit à son petit-neveu l'hospitalité du

---

(1) Voy. *Lettres du duc d'Orléans*, publiées par ses fils. (Lettre au général Damrémont, 31 août 1837.)

royal château de Chantilly. Quelle joie pour le duc d'Orléans d'habiter cette demeure historique. toute peuplée de statues et de tableaux, où plane encore la mémoire des Montmorency et des Condés : où les trophées de l'Algérie se mêlent à ceux de Rocroy et de Nordlingen. et sur laquelle le dernier héritier des Condés jette un éclat incomparable ! Chaque entretien du duc d'Aumale était une leçon pour le duc d'Orléans, causerie féconde. tour à tour enjouée ou martiale, semée d'anecdotes, d'observations. de traits charmants, pour laquelle le jeune prince aurait volontiers donné tous ses livres.

Le prince de Joinville et le duc de Penthièvre lui parlaient, en passant, de la marine et de leurs voyages.

Mais c'est surtout au château d'Eu que se formaient l'esprit et l'âme du jeune duc. sous la surveillance tutélaire du comte et de la comtesse de Paris Bâti par le duc de Guise, embelli par Mlle de Montpensier. le château d'Eu, voisin de la mer, avec ses belles pelouses et son grand parc, avait été une des résidences préférées du roi Louis-Philippe. Le comte de Paris y avait joué tout enfant. Rentré d'exil, il le restaura, s'y installa et donna pour salle d'étude au duc d'Orléans le cabinet même du roi Louis-Philippe.

C'est dans le cabinet du travail du roi son arrière grand-père que le duc d'Orléans prit ses premières leçons de latin. Bien qu'il soit devenu d'une assez jolie force, qu'il ait remporté un premier prix de latin au collège Stanislas et, qu'il pût, à seize ans, expliquer facilement à livre ouvert les poètes et les historiens de la vieille Rome, le duc d'Orléans ne fut jamais un *fort en thème*. « A quoi bon ? pour être soldat disait-il ! » Il goûtait peu les exercices inutiles à l'état militaire et qui ne figuraient pas sur le programme de Saint-Cyr. Mais il aimait la physique, la chimie, toutes les sciences d'observation. L'histoire l'attirait par-dessus tout. Il aurait volontiers dit avec Montaigne : « Les historiens, voilà ma droite balle. C'est mon gibier en matière de livres. »

L'histoire, d'ailleurs, s'offrait à lui dans toutes les salles du château de son père. Ici, c'était Louis XIII, peint par Philippe de Champagne : là, le portrait de la Palatide, par Rigaud : celui du Régent, toute la galerie des Guises. Il voyait retracé dans le grand salon noir les différents épisodes de la jeunesse du roi Louis-Philippe, tour à tour duc de Valois, duc de Chartres, duc d'Orléans... Que d'images se gravaient dans son esprit ! que de réflexions se présentaient à sa pensée ! que d'exemples pour former et mûrir son caractère ! Mais de tous les exemples qu'il avait sous les yeux, le plus frappant et le meilleur, certes. était encore celui du prince son père.

Profondément instruit. doué pour l'étude comme pour l'action, à la fois militaire et lettré, le comte de Paris suivait de près le travail de son fils, tout en composant sa belle histoire de la *Guerre civile en Amérique*. Dans le *Study* où le jeune duc apportait le soir ses notes et ses devoirs à son père, il entendait parler de ces grandes luttes dont le comte de Paris déroulait alors le vaste récit. C'étaient les batailles de Williamsburg, de Fair-Oaks, de Gaines-Mill ; la retraite de l'armée du Potomac et la campagne des Sept Jours. Son père et son oncle, aides de camp du général Mac-Clellan, avaient pris part à ces manœuvres hardies, à ces sanglants combats. A Gaines-Mill, ils ramenaient au feu les soldats du Nord un instant ébranlés... L'imagination de l'enfant se nourrissait de ces souvenirs ; elle allait de Gaines-Mill au James-River : passait de l'Amérique au Maroc, en rêvant au prince de Joinville ; parcourait l'Algérie avec le duc de Nemours, le duc d'Aumale, le duc de Montpensier : retrouvait au col de Mouzaïa son grand-père le duc d'Orléans ; — et quand le jeune prince rentrait seul dans sa petite chambre, quand il préparait pour son précepteur quelque passage embarrassant de l'*Anabase*, s'il oubliait la retraite des Dix-Mille pour la retraite de l'armée du Potomac, fallait-il le gronder bien fort ? Les récits de Xénophon devaient languir pour ce prince français auprès des récits de sa famille.

La plus grande partie de la jeunesse du duc d'Orléans s'est écoulée au château d'Eu, dans la compagnie de ses sœurs, la princesse Amélie, aujourd'hui reine de Portugal, et la princesse Hélène. Mère admirable, la comtesse de Paris surveillait l'éducation de ses enfants, depuis la prière du matin, qui se faisait en commun, jusqu'à l'heure ou chacun se retirait le soir. Soucieuse d'éveiller, de développer en eux tous les sentiments nobles, tous les goûts élevés, elle ne l'était pas moins de fortifier leurs organes et de leur faire un corps robuste au service de cœurs vaillants. Elle réglait elle-même le temps des promenades, des récréations, des exercices physiques. Le duc d'Orléans, comme un plant vigoureux, a poussé en plein air, en pleine campagne, étranger aux délicatesses, aux petits soins, aux serres chaudes de la grande ville. Les courses à pied, les courses à cheval, l'escrime, la natation et la gymnastique le reposaient des longues séances dans la salle d'étude. Et la chasse ! quel apprentissage de la fatigue ! quelle préparation au métier des armes ! quel plaisir viril ! Oh ! les belles chasses dans la forêt d'Eu ! A quinze ans, le jeune prince était déjà un habile chasseur. Le capitaine Morhain lui avait donné des leçons de tir : les corbeaux du grand parc lui avaient servi de cible ; et bientôt il tournait ses coups contre les chevreuils et les sangliers, en attendant qu'il allât chercher des tigres aux Indes, dans les jungles du Népaul. A Chantilly, les chasses à courre à la poursuite du cerf ; au château d'Eu, la chasse à tir, la pêche et les airs de trompe à la nuit tombante, dans les grandes allées du parc, où l'écho répondait aux sonneurs.

Cependant le duc d'Orléans a connu la vie de collège. Trois ans externe au collège d'Eu, sous la direction d'un précepteur ; deux ans externe au collège Stanislas, à Paris, il était fier d'être écolier, comme il eût été fier d'être conscrit. Quelle joie n'est-ce pas d'oublier ses titres, de tutoyer ses camarades, — de vrais camarades, — et d'être tutoyé par eux ! de donner et de recevoir des coups de poing, — de vrais coups de poing ! de lutter avec les meilleurs en classe et de se battre avec les moins bons en récréation ! L'élève d'Orléans a connu ces joies-là : il a joui de cette égalité qu'il réclamait encore l'autre jour : il a été récompensé et puni tout comme un autre : et quand les premiers bruits d'expulsion décidèrent le Comte de Paris à retirer son fils du collège, l'élève d'Orléans quitta le cœur gros ses maîtres et ses camarades.

Il emportait du moins du collège une amitié qui l'a suivi en exil et qui l'en ramenait hier : l'amitié du duc Honoré de Luynes. Même âge, mêmes goûts chez les deux jeunes gens : des souvenirs communs, une mutuelle sympathie. On se promenait ensemble à Cannes, pendant l'hiver, sous les grands arbres de la Californie : on faisait de l'escrime dans la villa de la duchesse de Luynes, on causait du passé et de l'avenir. Ainsi se nouait cette solide affection qui rapprochait, l'autre jour, sur les bancs de la police correctionnelle les deux anciens camarades du collège Stanislas.

Le jeune prince vit, en 1886, les derniers beaux jours du château d'Eu. Le mariage de la princesse Marie, fille aînée du duc de Chartres, avec le prince Valdemar, fils du roi de Dannemarck, y avait été célébré en présence de la reine de Dannemarck, du prince et de la princesse de Galles, de la duchesse de Cumberland et de tous les princes d'Orléans réunis autour du comte de Paris. Peu de temps après, le duc de Bragance, aujourd'hui Carlos Ier, roi de Portugal, venait y rechercher la main de la princesse Amélie. Au mois de mai, les fiançailles, les fêtes du mariage, le voyage à Lisbonne ; puis, au retour de ce rapide voyage, les lois d'expulsion et l'exil.

Le comte de Paris était frappé en plein bonheur, lorsqu'il rentrait dans son pays, « heureux d'avoir formé un lien nouveau entre la France et une nation amie ». La triste nouvelle parvenait au château d'Eu le 21 juin dans la soirée, et le 24 juin 1886, le duc d'Orléans s'embarquait au Tréport avec sa famille et suivait son père en exil. Quel départ ! Ceux qui l'ont vu ne l'oublieront jamais. Une foule immense couvrait les quais du Tréport. Quand les princes montèrent sur le steamer qui devait les conduire en Angleterre, le drapeau tricolore fut hissé au grand mât. Aussitôt les hourras de la foule saluèrent les couleurs françaises qui, par une touchante attention, allaient accompagner les augustes exilés jusqu'à la terre étrangère. Debout sur la passerelle, à côté du comte de Paris, le duc d'Orléans, les larmes aux yeux, saluait les amis connus et inconnus accourus de tous côtés pour lui crier : Au revoir ! Il resta immobile sur le pont tant qu'il put distinguer les côtes de France. Vers sept heures du soir, on était à Douvres.

De Douvres à Tunbridge-Wells et de Tunbridge-Wells à Sheen-House, — les premières étapes de l'exil. Le jeune prince revenait, à dix-sept ans, en Angleterre, près de Twickenham, aux bords même qui l'avaient vu naître. Adieu les examens de Saint-Cyr, les marches militaires sous le drapeau français, tous les rêves de son enfance ! La carrière vers laquelle il avait dirigé ses efforts se fermait tout à coup devant lui : il était exclu de Saint-Cyr et de la France.

Et, pourtant, il voulait porter l'épée : il voulait faire son apprentissage de soldat. C'est alors qu'il tourna ses regards vers le Saint-Cyr de l'Angleterre. Le comte de Paris résolut de faire entrer son fils à l'école de Sandhurst.

L'école de Sandhurst (*Royal Military College*) est située à 35 milles environ au sud-ouest de Londres, non loin d'Aldershot et de Farnborough, dans un pays de landes et de bruyères, au milieu d'un grand parc planté de pins, de rhododendrons et de mélèzes. Une vaste construction, de style grec, y développe ses colonnades sur un large espace, devant une esplanade où dorment quelques canons et une pelouse où les cadets jouent au *fool-ball* pendant l'hiver. L'école loge trois cents cadets et les officiers qui les instruisent. En 1887, le gouverneur était le général Enderson, qui parlait français comme un Français, et qui gouvernait son école avec la fermeté d'un soldat et le tact d'un homme du monde.

Le duc d'Orléans vint s'installer à Sandhurst au mois de février 1887. Il avait juste accompli sa dix-huitième année. Obligé par les circonstances de revêtir l'uniforme anglais dans une école militaire anglaise, le jeune prince n'oublia jamais qu'il était le fils du comte de Paris et le neveu de Robert le Fort. La conduite de son oncle, le duc de Chartres, qui, sous le nom de Robert le Fort, s'engageait en 1870 pour avoir le droit de défendre le sol natal, était toujours présente à son esprit. Il y pensait en venant faire son apprentissage militaire ; il y pensait en s'installant pour la première fois dans sa chambre de cadet : c'est avec le désir arrêté d'être digne un jour de son oncle et de son père, que le duc d'Orléans vint suivre les cours de Sandhurst.

Les cours étaient sérieux et tout d'application. L'enseignement pratique de l'école convenait aux goûts du jeune prince et ne contrariait pas ses habitudes. Un matin, on l'armait d'une pioche et d'une pelle, pour creuser un fossé et construire un retranchement. Un autre jour, c'était un gabion qu'il devait faire; un pont qu'il fallait jeter. A la gymnastique, à l'équitation succédait le tir à la cible. La topographie s'enseignait dans la campagne, au milieu des bois : et, deux fois par jour, l'exercice sur l'esplanade. Les jeux faisaient partie de cet ensemble d'exercices destinés à aguerrir les cadets, à développer leur vigueur physique et leur énergie morale. Le *fool-ball* et les jeux violents jusqu'à Pâques : après Pâques, le cricket, — « le noble jeu de cricket », disent les Anglais, — le law-tennis, la paume, le high-jump. Une émulation traditionnelle met aux prises dans ces luttes du corps l'école d'infanterie et de cavalerie de Sandhurst et l'école d'artillerie de Woolwich. Vie active, jeux virils, *athletic sports* : ce régime forme des troupiers et des hommes. « Jeunes gens, disait un officier, souvenez-vous que vous appartenez à une armée dont la devise est de craindre Dieu et de faire 100 kilomètres en cent heures.

Le duc d'Orléans passa son examen final avec succès et sortit de l'Ecole avec le grade de lieutenant. — Que faire alors ? sinon poursuivre l'éducation qu'il avait si bien commencée et la compléter par des voyages,

Au mois de janvier 1888, le duc d'Orléans part pour les Indes, accompagné du colonel de Parseval. Ce qui l'attire, ce n'est pas l'Inde des rajahs, avec ses fêtes, ses jongleurs, ses acrobates et ses bayadères : ce n'est pas le Dubar du vice-roi, les carrousels, les tentes d'apparat, les éléphants parés d'étendards, la féerie des jardins illuminés aux feux de bengale. Il ne va pas visiter en touriste les riches vallées du Cachemir et les merveilles monumentales de Lahore, les mosquées, les temples bouddhistes et les fakirs. Il va visiter des forteresses, étudier des fortifications : il va, simple volontaire, mener la vie du soldat en campagne et servir dans l'armée des Indes.

Il n'a pas de brevet d'officier. Pour être officier de l'armée anglaise, il faut être sujet anglais. Prince français, le duc d'Orléans ne pouvait pas, ne voulait pas, en sollicitant un brevet d'officier, paraître abdiquer sa nationalité. Mais, par une gracieuse décision, Sa Majesté la reine Victoria l'a autorisé à porter l'uniforme du Kings Royal Rifle et à servir, sans brevet, avec une commission verbale. Il doit faire le service de lieutenant dans le bataillon du Kings Royal Rifle, qui tient garnison à Chacrata. C'est sur les hauteurs et dans les brumes de l'Himalaya. Le climat n'est pas beau ; le service est rude. *Never mind, god on.* Le prince accepte de bon cœur les exigences de sa nouvelle condition. Nul lieutenant n'est plus exact, plus vigilant, plus discipliné.

De Chakrata son bataillon descend dans le grand centre militaire de Meerat, près de Dehli. Le prince passe alors dans le service d'état-major. Il assiste pendant trois semaines aux manœuvres d'une division de cavalerie au camp de Dehli, dans l'état-major du général qui commande les manœuvres, le général Lack, le Galliffet de la cavalerie anglaise. Pendant les grandes manœuvres de l'infanterie à Meerat, il fait fonction d'officier d'ordonnance du colonel qui commande sa brigade. Enfin, il est attaché à l'état-major de sir Frédéric Roberts, commandant en chef de l'armée des Indes. — Sur quinze mois de séjour aux Indes, le duc d'Orléans compte onze mois de service militaire non interrompu : il consacre deux mois à visiter les bords du Gange, Calcutta, Bénarès, ces villes et ces contrées fameuses, et ne donne que six semaines à la chasse au tigre.

Cette chasse, pleine de dangers et de fatigues, est une véritable école de bravoure, d'adresse et de sang-froid. Le duc d'Orléans y a fait ses preuves, et il est le héros d'un épisode qui aurait pû lui coûter la vie. On chassait une tigresse, qui se voyait cernée par les chasseurs. La bête se retourne et aperçoit l'éléphant du duc d'Orléans qui marche vers son gîte. Affolée, elle s'élance sur l'éléphant, saisit la paroi de l'howah et s'y accroche avec ses griffes... Le jeune prince, immobile, les mains sur son fusil, tient en respect la bête furieuse, lorsque celle-ci, par ses efforts, détachant une paroi de l'howah, retombe tout à coup avec elle et bondit à travers la jungle. Le sang-froid du duc d'Orléans l'avait sauvé. Le comte de Paris, racontant cet épisode à un ami, se contentait de lui écrire : « Mon fils s'est trouvé aux prises avec une tigresse (sans métaphore). Il s'est tiré du péril à son honneur. ».

Le duc d'Orléans montrait le même sang-froid en s'exposant aux éclats d'obus pour suivre et juger de plus près des exercices de tir. Mais la qualité maîtresse qu'il a révélée, celle qui a frappé les officiers les plus expérimentés, c'est le coup d'œil sur le champ de manœuvres, c'est l'intelligence, l'instinct et la mémoire du terrain. Il a le sens de l'orientation. Pendant les manœuvres de cavalerie, lorsqu'il avait des ordres à porter, il trouvait toujours, par le chemin le plus court, le régiment qu'il devait atteindre : et cela, dans un pays de plaine, uniforme et sans point de repère. C'est le témoignage que lui rendaient les officiers de l'armée des Indes.

Le jeune prince était de retour en Angleterre pour célébrer le 30 mai 1889 les noces d'argent du comte et de la comtesse de Paris. Ce jour-là une grande et heureuse nouvelle était annoncée aux amis venus de France et réunis à la petite chapelle de Kingston, sur les bords de la Tamise. Le duc d'Orléans était fiancé à sa cousine, la princesse Marguerite, seconde fille du duc de Chartres. Princesse accomplie, la seconde fille du duc de Chartres, par les grâces de sa personne, par l'élévation de son caractère et la culture de son esprit, devait être la digne compagne du jeune prince qui avait apprécié depuis longtemps ses rares et précieuses qualités. Mais la date du mariage n'était pas fixée. Le royal fiancé n'avait pas encore achevé de parcourir le cercle de son instruction militaire. Après Sandhurt, après Chakrata, après les grandes manœuvres de l'armée des Indes, le comte de Paris voulait que son fils mûrit et fécondât ses connaissances par une série de cours théoriques et pratiques, sous la haute direction du colonel de Parseval.

Au mois d'octobre 1889, le duc d'Orléans et le colonel de Parseval venaient donc de s'établir sur les bords du lac de Genève, à côté de Lausanne, à Ouchy, pour continuer dans le calme de cette retraite, près de l'Université de Lausanne, avec le concours d'officiers suisses distingués, leurs études de tactique et d'art militaire.

C'est là que, le 6 février dernier, le duc d'Orléans atteignait sa majorité.

Fils dévoué et respectueux, jamais le prince jusqu'à ce jour n'avait pris une décision, fait une démarche, un acte quelconque sans le conseil, sans l'approbation, sans la permission du comte de Paris. Cette fois il n'allait prendre conseil que de lui-même. Pour fêter ses vingt et un ans, il veut mettre à exécution un projet qui lui tient au cœur, qu'il médite sans doute depuis quelque temps : il veut aller retrouver en France les conscrits de sa classse et s'engager comme simple soldat. Il n'a fait part de ce dessein à personne : il ne le communique qu'au duc de Luynes, peu de jours avant de l'exécuter. La mort du duc de Montpensier, son grand-père, emporté subitement le 3 février, le surprend et l'afflige sans modifier sa résolution. Il veut partir et part en effet, sous le prétexte d'une excursion à Genève. Le colonel de Parseval n'a pu soupçonner un instant ses intentions.

Le duc d'Orléans a délicatement et généreusement agi en cachant au colonel Parseval le projet qu'il avait formé et les risques qu'il allait courir. Comme représentant de l'autorité du comte de Paris, le comte aurait dû certainement combattre ce dessein ; comme homme et comme militaire, il n'aurait pu sans doute s'empêcher de lui dire : « Allez. » — Le duc d'Orléans n'a voulu partager avec personne la responsabilité de son initiative. Le soir même du 6 février, jour anniversaire de sa naissance, il prend le train de France à Genève, en compagnie du duc de Luynes, et le 7, dans la matinée, il débarquait à Paris et descendait à l'hôtel de Luynes. 51, rue de Varenne.

A peine remis des fatigues du voyage, le duc d'Orléans, accompagné de son ami, se rend au bureau de recrutement. Il se nomme à l'officier de service et déclare qu'il est venu pour remplir son devoir de Français, à l'âge fixé par la loi. L'officier, qui n'en peut croire ses yeux ni ses oreilles, lui répond qu'il n'est pas porté sur ses listes et le renvoie à la mairie de son arrondissement. A la mairie, les employés surpris, incertains, renvoient au ministère de la guerre ce conscrit qu'ils n'attendaient pas. Au ministère, l'officier supérieur qui reçoit le prince, vivement touché de cette démarche et du pénible devoir qu'elle lui impose, se retranche derrière les lois d'exception et renvoie à son tour le duc d'Orléans au ministre de la guerre.

Sans se laisser décourager par ce troisième échec, le fils aîné du comte de Paris, rentré rue de Varenne, adresse immédiatement au ministre la lettre suivante :

A Monsieur le Ministre de la guerre.

« Monsieur le Ministre,

« Je me suis présenté aujourd'hui au bureau de recrutement de la Seine pour demander à être inscrit sur les registres de la conscription et à faire mes trois ans de service, comme tout bon Français.

« Du bureau de recrutement, on m'a envoyé, très courtoisement d'ailleurs, à la mairie, puis de la mairie au ministère de la guerre.

« Je n'ai pu obtenir aucune solution. Je viens donc la réclamer de vous. Je n'entends pas, en prolongeant ma présence à Paris, donner prétexte à des manifestations.

« Je n'ignore pas que la loi d'exception m'interdit tout grade dans l'armée française ; mais je crois, monsieur le ministre, qu'elle ne me défend pas de servir comme simple soldat ; c'est le grand honneur que j'ambitionne, et, sur ce point, j'attends une prompte réponse de votre équité et de votre patriotisme.

« Je vous prie d'agréer, monsieur le ministre, l'assurance de ma haute considération.

« PHILIPPE, DUC D'ORLÉANS,

« 51, rue de Varenne. »

Ecrite d'un premier jet, cette lettre est simple et noble comme le sentiment qui l'a dictée. Le duc de Luynes la porta sans tarder au ministère de la guerre.

A ce moment même se présentait le confident le plus intime, le plus sûr conseiller du comte de Paris, M. Bocher, qui venait seulement d'être averti de l'arrivée du duc d'Orléans. En l'absence du comte de Paris et du duc de Chartres, sur mer tous deux depuis une semaine, M. Bocher était désigné avant tous les autres pour connaître les intentions et éclairer les résolutions du jeune prince. Celui-ci se jeta dans les bras du vieil ami de sa famille : « Je n'ai voulu voir personne avant vous, » s'écria-t-il. « Excusez-moi d'avoir agi sans vous consulter. Mais je ne fais pas de politique, vous le savez. Je suis majeur depuis hier et je viens réclamer ma place dans les rangs de l'armée française. Voilà tout. »

Cependant le gouvernement, avisé de la présence du prince à Paris, se concertait avec le préfet de police et, vers six heures, M. Clément, commissaire aux délégations judiciaires, se présentait rue de Varenne, à l'hôtel du duc de Luynes. Introduit dans un petit salon, le magistrat, montrant son écharpe, demanda le duc d'Orléans. « — C'est moi, Monsieur. » M. Clément fit connaître au prince la mission dont il était chargé et l'invita à se rendre avec lui chez le préfet de police. M. Lozé attendait le duc d'Orléans dans son cabinet. « — Vous savez, lui dit-il, que vous avez violé la loi qui vous interdit l'accès du territoire français. — Je le sais. — J'ai ordre de vous faire conduire à la Conciergerie, où vous attendrez qu'il soit statué sur votre sort ». Et le prince, toujours escorté du duc de Luynes, fut conduit à la tour de l'Horloge, dans une pièce qui sert quelquefois de bureau au président des assises et qu'on disposa à la hâte pour le loger.

Après trois ans et demi d'exil, le petit-fils de nos rois rentrait à Paris, au berceau de son père et de sa race, pour y trouver une prison dans le palais même de Saint-Louis. La première pensée du prisonnier fut pour sa mère. Désolé d'ajouter une nouvelle tristesse au deuil de la comtesse de Paris, qui pleurait le duc de Montpensier. « J'espère, télégraphia le prince à sa mère, que vous me pardonnerez mon patriotisme. » De son côté, la comtesse de Paris, instruite par le marquis de Beauvoir de l'arrestation de son fils, répondait aussitôt : « Je suis sûre que toujours, en tout, il fera son devoir. » La confiance maternelle ne fut pas trompée : le fils aîné du comte de Paris la justifia par la loyauté de son langage et la dignité de son attitude.

Le lendemain même de son arrestation, après une assez mauvaise nuit, le prince, levé de bonne heure, écrivait au Président de la République une lettre qui le peint tout entier.

« Conciergerie, samedi 8 février.

« Monsieur le Président,

« En 1886, le gouvernement de M. Jules Grévy me jetait hors de ma patrie.

« En 1890, votre gouvernement fait plus : il me jette en prison.

« Au moment où, pour la seconde fois, une douleur imméritée m'est imposée, je crois de mon honneur et de mon devoir de vous exposer, par écrit, la seule pensée qui m'a guidé.

« Je suis simplement venu, au jour de mes vingt et un ans accomplis et malgré mon deuil, m'inscrire au bureau de recrutement de la Seine pour faire mes trois ans de service comme soldat dans l'armée de mon pays.

« J'en appelle à tous ceux qui ont au cœur l'amour du métier militaire et du drapeau tricolore, le souvenir des gloires de la France comme de ses blessures, le sentiment de ce que tout Français doit à sa patrie

« Je ne crains pas leur jugement.

« Je crois même, monsieur le Président, ne pas avoir à redouter celui de votre conscience.

« Si vous vous honorez avec raison de compter parmi vos ancêtres un grand nom patriotique, vous étonnerez-vous que j'invoque la mémoire de tant de princes, mes aïeux, morts pour la France sur les champs de bataille, et que, petit-fils de Henri IV, je demande à être simple soldat ?

« Je vous prie, monsieur le Président, d'agréer l'assurance de ma haute considération.

« PHILIPPE, DUC D'ORLÉANS, »

Le directeur de la Conciergerie se chargea de faire porter cette lettre à l'Elysée.

Quel cœur de vingt ans ne vibrerait aux accents de cette jeune fierté ? Il n'y a point ici d'habiletés, d'artifices de style. Cette lettre est belle parce qu'elle part du cœur. — En parlant de ses ancêtres, morts pour la France sur les champs de batailles, le duc d'Orléans n'écrivait pas de grands mots vagues, mais des pensées qui lui étaient familières. Ils songeait aux Bourbons qui versèrent leur sang à Crécy, à Poitiers, à Marignan, à Saint-Quentin, dans nos défaites comme dans nos victoires. Il savait que Jacques de Bourbon, chef direct de la branche dont il descend, était mort à Brignais en 1361, en combatant les Grandes Compagnies. Il avait entendu citer ses exploits quand le comte de Paris, qui sait notre histoire, nomma Jacques un de ses fils, mort en bas âge au château d'Eu. La mémoire du petit frère, Jacques d'Orléans, s'associait dans son esprit à celle de l'ancêtre Jacques de Bourbon. Et voilà pourquoi ce jeune homme est sincère quand il parle de patriotisme. C'est que la patrie est sa famille ; c'est qu'elle a été faite du sang et de la gloire de ses aïeux, depuis Saint-Louis, mort à Tunis, jusqu'aux petits-fils encore vivants de Robert le Fort.

Seul, loin de ses parents, attendant quelques visites qui n'eurent pas lieu, faute d'autorisation, le prince trouva longue et froide sa première matinée de prison. Il achevait à peine son repas quand on vint le chercher pour le conduire dans le cabinet du procureur de la République. Il devait d'abord subir l'interrogatoire prescrit par la loi et comparaître immédiatement après devant le tribunal de police correctionnelle. « Quoi ! sur l'heure ? » s'écria-t-il ; et s'habillant à la hâte, il se rendit devant ses juges.

Dans le cabinet du procureur de la République, comme à l'audience du tribunal, il reconnut sans hésiter la contravention qu'on lui reprochait. « — Pourquoi êtes-vous rentré malgré la loi qui vous interdit de rentrer en France ? — Je suis rentré pour me faire inscrire sur les registre de recrutement comme simple soldat. J'ai voulu remplir mon devoir de Français. » Aux questions qui lui furent posées, le duc d'Orléans n'a jamais fait d'autre réponse, et c'était assez pour le justifier. Mais sur le conseil de M⁰ André Buffet, qui se trouvait par hasard à l'audience, le jeune prince, usant de son droit, demanda un délai de trois jours pour choisir un avocat et retourna dans sa prison.

Là d'autres émotions l'attendaient. La duchesse de Chartres et la princesse Marguerite venaient embrasser le prisonnier. Quelle entrevue ! L'étonnement, la joie, l'affliction, les sentiments les plus opposés remplissaient le cœur des deux fiancés, en se rencontrant dans de telles circonstances. Le duc d'Orléans était arrivé, à Paris, le vendredi matin, avait été arrêté, conduit à la Conciergerie, sans que la duchesse de Chartres pût un seul instant de la journée se douter de sa présense. Elle n'avait été informée de ces évènements que le vendredi soir, vers sept heures. — Et le samedi, les deux princesses, souriantes et tristes, s'empressaient d'apporter au duc d'Orléans l'encouragement de leur présence et de leur affection. L'entrevue dura près d'une heure ; elle devait se renouveler tous les jours.

Le bâtonnier de l'ordre des avocats, M⁰ Cresson, s'inspirant des traditions du barreau, vint à son tour auprès du prince. Gardien vigilant des droits de la défense, il offrait au prisonnier, surpris de tout ce qui se passait autour de lui, le secours de son expérience et de son autorité. Il n'écoutait aucune considération de parti, aucune considération personnelle ; il oubliait ses opinions pour se rappeler les obligations de sa charge ; il ne voyait qu'un prévenu jeté seul dans un monde nouveau pour lui ; il lui donnait une marque d'intérêt, un appui, un bon conseil. Il lui conseilla, s'effaçant lui-même, de choisir comme défenseur M⁰ Rousse et M⁰ Limbourg, avocats de la famille ; mais sur la demande du jeune prince, il promit de lui continuer son assistance.

Devant l'opinion publique, le prince n'avait pas besoin d'avocats : sa cause avait été gagnée tout d'abord. La France lui avait su gré d'être jeune et d'être brave, « de marcher au devoir comme ses pères marchaient au feu. » Elle avait été séduite par l'imprévu de cette démarche si bien conçue, si bien menée. Elle aimait une témérité soutenue par tant de réserve, une contenance à la fois si vaillante et si modeste. Les moins prévenus trouvèrent à cette aventure un petit parfum béarnais qui ne manquait pas de charme. Ceux qui ne virent dans l'acte du prince qu'une équipée et qu'un coup de tête jugèrent l'équipée aimable et le coup de tête chevaleresque. D'autres saluèrent dans le duc d'Orléans un héros d'une grande espérance. Quant au public, au grand public, las des calculs égoïstes et des ambitions tapageuses, il se sentit remué par le spectacle de cette ambition d'un nouveau genre. Il admira cette jalousie qui voyait un privilégié dans chaque conscrit revêtu de la capote militaire. Il comprit qu'on n'est pas le premier venu quand on paye de sa liberté la prétention de porter le sac et le fusil : et dans l'effacement général des volontés et des caractères, il approuva ce proscrit de vingt ans d'avoir bravé la prison pour affirmer ses droits de citoyen. Un mouvement de sympathie se déclara partout en sa faveur.

Le duc d'Orléans fut touché de cette sympathie et se montra satisfait, reconnaissant même, du ton de la presse à son égard. Il lisait les journaux, parcourait les diverses opinions et relevait en plaisantant les rares attaques dirigées contre lui. Certains journaux avaient publié des menus fantaisistes des repas qu'il faisait dans sa prison. A les entendre, il savourait, pour se consoler, les mets les plus délicats arrosés des vins les plus vieux. « Il y en a qui me reprochent, disait-il, de boire du Médoc et de manger du perdreau. Qu'ils me donnent donc la seule chose que je réclame, la gamelle. » Le mot était spirituel, il a fait fortune.

Etranger à la politique, il s'étonnait de voir dénoncer comme « le coup de théâtre d'un prétendant précoce » l'inspiration patriotique à laquelle il avait cédé. « Moi, prétendant ? » reprenait-il, « mais je n'ai prétendu qu'à être conscrit. »

Pendant les trois jours qui précédèrent son jugement, le jeune prince conserva la même égalité d'âme, sans abattement, sans forfanterie. Il accueillait avec bonne humeur les amis autorisés à le visiter à la Conciergerie. Il s'informait des bruits du dehors, des nouvelles de sa famille, ou s'entretenait de sa défense avec les avocats chargés de l'assister. — Quand ses amis l'avaient quitté, il oubliait sa solitude en regardant la Seine et les quais, le mouvement des voitures et des passants. Il voyait un coin de Paris : c'était toujours la prison, ce n'était plus l'exil.

Enfin le jour du jugement arriva. Jamais pareil auditoire n'avait rempli la huitième chambre de la police correctionnelle. Dès onze heures du matin, la salle était pleine. A midi, on annonçait le tribunal. Quand la première agitation fut calmée, le duc d'Orléans fut introduit. Grand, mince, vêtu de noir, le prince, accompagné du duc de Luynes, vint s'asseoir au banc des prévenus libres. Le colonel de Parseval prit place à son côté. M⁰ Rousse et M⁰ Limbourg occupaient le banc de la défense.

Au milieu d'un profond silence, le président interroge alors le prévenu. Il lui rappelle sa naissance, la loi qui lui interdit le territoire de la République et l'invite à présenter les explications qu'il croit utiles à sa défense. — Debout devant le tribunal, sans se troubler, le prince prononce les paroles suivantes :

« Je suis venu en France pour servir comme simple soldat.

« Je ne fais pas de politique : la politique ne regarde que mon père, dont je suis le fils respectueux et soumis, le fidèle serviteur.

« Je ne suis pas allé à la Chambre, mais au bureau de recrutement.

« Je savais à quoi je m'exposais. Cela ne m'a pas arrêté.

« J'aime mon pays. Est-ce une faute ? J'ai voulu servir la France au régiment. Est-ce un crime ?

« Non.

« Donc, je ne suis pas coupable. Donc, je n'ai pas besoin d'être défendu.

« Je remercie cordialement mes conseils de leur dévouement et leur demande de ne pas me défendre.

« J'ai appris dans l'exil à honorer la magistrature de mon pays. Je respecterai ses arrêts.

« Mais si je suis condamné, je suis sûr du jugement favorable des deux cent mille conscrits de ma classe et de celui de tous les braves gens. Ceux-là, j'en suis sûr m'acquitteront. »

Cette brève et simple déclaration produit sur l'auditoire une impression profonde ; et le président termine l'interrogatoire en quelques mots. — La parole est donnée au ministère public, et le substitut réclame l'application de la loi.

C'est à ce moment que M⁰ Rousse se lève, non pour plaider, car le duc d'Orléans n'a pas voulu de plaidoirie, mais pour ajouter de courtes remarques à la déclaration de son client. Le grand avocat est plus ému peut-être que le jeune prince. Lui qui fut si calme et si ferme aux jours les plus terribles de notre histoire, lui dont la voix n'hésita pas quand il fallut disputer des victimes aux bourreaux de 1871, semble plus touché, non du péril, mais de la générosité de ce prévenu, qui, remerciant ses avocats, refuse de discuter les faits qu'il avoue et de débattre une question de procédure.

« Il ne convient », dit-il, « ni au duc d'Orléans, ni à ses amis, ni à aucun de ses défenseurs de répondre par une thèse de droit, si juste qu'elle puisse être, à la poursuite d'aujourd'hui. Le duc d'Orléans vous l'a dit, messieurs : il est venu en France uniquement pour y faire son métier de soldat et son devoir de citoyen. Il n'a pris conseil de personne, si ce n'est de lui-même, de sa jeunesse et de son cœur. Ce qu'il a fait, il l'a fait seul, à l'aventure, avec ses vingt ans, sans souci de la politique. C'est un acte spontané qui l'honorera toute sa vie. Mais pendant ces derniers jours, où nous avons été littéralement obsédés, j'ai été frappé par un mot. Des gens graves nous répétaient sans cesse : « C'est un enfantil- « lage. »

« Va pour un enfantillage ! Plaise à Dieu qu'au jour du danger la France trouve beaucoup d'enfants comme celui-là !

« Veuille la Providence qu'ils viennent réclamer, quand le sol de la patrie sera envahi, l'honneur et le droit de la défendre.

« Dieu veuille que la République, pleine de mansuétude — la République des plus sages — puisse rendre à la France de tels soldats qui, se souvenant du nom de leurs pères, fassent revivre dans les régiments ces noms glorieux qu'ils n'ont point oubliés !

« Voilà ce que j'avais à dire. Que mon jeune client qui est un silencieux, pardonne à son défenseur ! Un avocat ne sait pas se taire.

« Qu'il me pardonne d'avoir laissé déborder, comme si j'étais encore aux jours de ma jeunesse, mes patriotiques émotions.

« Messieurs, je remets entre vos mains les destinées de ce jeune homme, ses destinées actuelles, non pas son sort, non pas sa réputation qui est intacte et qui a grandi.

« Êtes-vous vraiment forcés de le condamner ? Vous en délibérerez en votre conscience, mais je suis bien sûr qu'il n'en est pas un d'entre vous qui ne se dise : « J'aimerais mieux avoir à le défendre que d'avoir à le juger ! »

« Nous avons dû nous incliner, mon excellent confrère Limbourg et moi, devant une volonté inflexible, devant cette sagesse de vingt ans, plus sage peut-être que celle des sages : le duc d'Orléans ne veut pas être défendu. »

Cette éloquente improvisation est suivie d'un long murmure. Les yeux sont humides, les cœurs battent et répondent à ce magnifique langage : les âmes sont dilatées, pour ainsi dire. Quand M⁰ Rousse par un geste superbe, posant sa main sur l'épaule du prince, a prié Dieu de donner à la France beaucoup de fils comme celui-là, l'émotion, plus forte que le respect, a soulevé des applaudissements.

Le duc d'Orléans serre la main de son avocat : et le tribunal se retire en chambre du conseil pour délibérer. — A une heure l'audience est reprise et le président lit le jugement qui condamne « Louis-Philippe-Robert, duc d'Orléans, à *deux années d'emprisonnement* ». Le prince était condamné par le tribunal, mais absous par l'opinion. Il avait pour lui le jugement des conscrits de sa classe, ratifié par l'approbation des braves gens de tous les partis.

La jeunesse française a acquitté le duc d'Orléans. Les malveillants et les politiques n'ont pu lui faire prendre le change sur l'acte accompli par un des siens avec une décision toute militaire et une bonne grâce chevaleresque. Elle s'est reconnue à cette bravoure, à cet élan, à ce désintéressement de la vingtième année. Peut-être même a-t-elle deviné dans ce jeune homme son chef, son prince, le prince de la jeunesse, *princeps juventutis*. — Oui, ce jeune homme est un chef : il a le coup d'œil, l'autorité, l'ascendant : il sait vouloir, il sait commander, il a le don. Rompu de bonne heure à la vie pratique, il ne craint ni la fatigue ni le danger. Il aime l'action, il la recherche, il a le feu sacré. Son ardeur n'est pas l'enthousiasme avec ses fièvres, ses emportements et ses défaillances : il se possède, il se domine ; il a le nerf de l'esprit, le sang-froid et la persévérance. C'est un silencieux, M⁰ Rousse l'a dit. Dans un temps où les hommes sont menés par des phrases, il parle peu : surtout, il parle peu de lui-même. Nul ne fait moins volontiers le récit de ses prouesses et ne cherche moins à se faire valoir. Dans les affaires sérieuses il sait écouter et se taire. Mais ce silencieux n'est pas un taciturne. Demandez à ses camarades avec quelle bonne humeur il cause, avec quelle entrain il plaisante, avec quelle verve il riposte : il a la réplique soudaine, le trait juste, l'esprit d'à-propos : il a le mot vif et parisien. C'est un Français, c'est le sang d'Henri IV, c'est un pur sang.

Il n'a eu qu'à se montrer : mille mains se sont tendues vers lui pour l'encourager, pour l'applaudir. Il est entré du premier coup dans la légende. Mais, en faisant acte d'homme, il vient de contracter de nouveaux devoirs envers son pays, envers son père. L'un et l'autre attendent beaucoup de lui. Lorsque obéissant à la voix secrète qui l'a poussé, il a franchi la frontière, il s'est désigné lui-même aux jeunes qui ne sont pour rien dans les conflits, les divisions dont souffre la France, et qui connaissant ses grandeurs dans le passé rêvent son relèvement dans l'avenir. — Henri IV, dont il saluait la statue l'autre jour, ne blâmerait pas son « équipée », comme le croient certaines barbes grises, en lui disant « que la France est tranquille et ne veut pas être dérangée. » Ceux qui font ainsi parler le Béarnais n'entendent guère son brave langage. Il sourirait au contraire à la vaillance de ce gentil compagnon, élevé comme lui à la dure, et lui dicterait à l'oreille « beaucoup de bonnes honnêtetés », en digne fils de Jeanne d'Albret, qui connut aussi les épreuves et se forma dans l'adversité. Vive Dieu ! la France n'a pas de trop de tous ses enfants : tous doivent se préparer à la servir. Cette préparation, le duc d'Orléans l'a poursuivie sans bruit, pied à pied, dans la patrie et dans l'exil. Sous les ombrages du château d'Eu comme dans les landes de Sandhurst et dans les plaines de l'Inde, il n'avait en vue que l'armée. Depuis son enfance il appartient à l'armée par la pensée, par l'affection, par la volonté. Trouvera-t-il enfin dans ses rangs cette place qu'il venait y chercher ? pourra-t-il donner carrière à ses instincts, à ses rares qualités naturelles ? aura-t-il son jour, son heure, — l'heure qui fait le soldat glorieux et le capitaine ? Quelle destinée l'avenir réserve-t-il à ce jeune homme ? Nul ne peut le prédire. Quoi qu'il arrive, comme l'a dit un de ses amis, « si élevée que puisse être sa destinée, elle ne sera jamais plus haute que son cœur. »

J.-B. ACHARD. — IMPRIMERIE DRUIDIQUE, RUE MÉRIGOT, DREUX

www.ingramcontent.com/pod-product-compliance
Lightning Source LLC
LaVergne TN
LVHW011014180726
843502LV00007B/2540